AF338502

L 49
b
2869

Don del'auteur

CORRESPONDANCE

DU

COMMISSAIRE

DU

DIRECTOIRE EXÉCUTIF

DE

RABASTENS

PUBLIÉE PAR

ÉMILE MARTY

(Extrait de la Revue du Tarn, 1903)

ALBI

IMPRIMERIE A. NOUGUIÈS

1903

Offert à la Bibliothèque nationale
Paris, ce 19 juin 1903

CORRESPONDANCE

DU

COMMISSAIRE DU DIRECTOIRE EXÉCUTIF

DE RABASTENS

7 4°

869

CORRESPONDANCE

DU

COMMISSAIRE

DU

DIRECTOIRE EXÉCUTIF

DE

RABASTENS

PUBLIÉE PAR

ÉMILE MARTY

(Extrait de la Revue du Tarn, 1903)

ALBI

IMPRIMERIE A. NOUGUIÈS

1903

INTRODUCTION

Au mois de mai dernier, lors de notre séjour annuel à
Rabastens, M. Ebrard, notaire, a bien voulu nous commu-
niquer le *Registre de la correspondance expédiée et reçue
par M. Fauré, notaire, commissaire du Directoire exécutif
près l'Administration de la commune de Rabastens.*

Ce manuscrit se compose de six cahiers, format in-4°, et
s'étend du 25 brumaire an IV au 28 nivôse an VIII ; il est
précieux pour l'histoire locale, car il permettra de complé-
ter le travail de M. Rossignol (1), notamment en ce qui
concerne le canton de Rabastens.

Au début, M. Fauré nous apprend qu'il fut nommé commissaire près l'Administration de la *commune* de Rabastens
par arrêté du Directoire, en date du 2 frimaire an IV ; qu'il
fut installé le 24 du même mois ; et que le citoyen Reynès
fut nommé commissaire, à sa place, près l'Administration
du *canton*, où il avait rempli provisoirement les dites fonctions. Le 5 nivôse an IV, M. Fauré accusait réception de sa
nouvelle nomination au Ministre de l'Intérieur, en ces ter-
mes : « Habitué à servir la chose publique depuis le prin-
cipe de la Révolution, je remplirai autant que possible mes
nouvelles fonctions, afin de justifier la confiance que le
Directoire exécutif a bien voulu me donner. »

Le commissaire du Directoire était chargé de veiller à la
stricte observation des lois ; nous relevons dans sa correspondance plusieurs réquisitions à la Municipalité, que nous
n'avons pas reproduites, relativement à la célébration des
fêtes nationales ; nous citerons, entre autres, la fête de

(1) *Histoire de l'arrondissement de Gaillac pendant la Révolution.* 1890.

l'*Agriculture*, celle des *Vieillards*, celles du *14 juillet* et du *10 août*, celle des *Epoux*, enfin, la fête de l'*Anniversaire de la juste punition du dernier Roi des Français.*

Il serait superflu d'analyser ici les documents que nous publions ; quant aux notes ou simples mentions que nous avons délaissées, elles ont trait à la levée des impositions, aux emprunts forcés, aux déserteurs, aux prêtres constitutionnels ou réfractaires, à l'état de la population, à la taxe de guerre, à la garde nationale, aux secours à accorder aux familles des défenseurs de la patrie, aux passeports, etc., etc.

Le 17 ventôse an VIII, M. Fauré, en prévision de l'exécution des prochaines lois sur le notariat, informait l'Administration du Tarn, qu'il comptait avoir à débourser de ce chef 400 fr. de cautionnement ; qu'il était absolument sans moyens pour acquitter cette somme, d'autant qu'il aurait encore à débourser 300 fr., parce que son fils, atteint de miopie *(sic)*, était dispensé du service militaire. Il faisait remarquer, en outre, qu'il lui était dû onze mois de traitement, à compter de floréal an VII, et ses remises de l'an VII, comme agent particulier des contributions directes.

Nous ne voulons pas terminer cette courte introduction, sans adresser nos plus vifs remerciements à M. Ebrard. Il serait à désirer que cette communication en provoquât d'autres, de la part de nos compatriotes. Nous supplions donc les personnes qui possèdent ou connaissent des documents, de vouloir bien, dans l'intérêt historique du pays, nous faciliter les moyens d'utiliser ces ressources.

Emile MARTY.

Paris, le 2 novembre 1902.

16 novembre 1795

25 brum. an IV. — L'art. 4 de la loi du 21 fruct. an III, veut que l'Administration du canton tienne ses séances à Rabastens. Le prieuré est, suivant l'art. 5 de la loi du 27 brum. an III, destiné aux écoles et au logement des instituteurs, et les maisons confisquées sur les émigrés sont toutes affermées, à l'exception de celle de *Pierre Louis Chastenet Puységur*, habitée par ses deux sœurs, sous prétexte de droits légitimes. — Le Commissaire demande que l'Administration communale se procure un autre local.

La loi du 7 vendém. dernier, détermine le mode pour assurer la subsistance des chevaux attachés au service de la République : Les agents municipaux des trois communes du canton de Rabastens feront le rôle de ce que chaque propriétaire ou cultivateur devra livrer, selon le contingent déterminé par le District, savoir : *Coufouleux*, 140 quint. de foin et 500 de paille ; *Roquemaure*, 64 de foin et 300 de paille ; *Mézens*, 75 de foin et 200 de paille ; le tout à livrer dans le courant du présent mois.

19 novembre 1795

28 brum. an IV. — L'art. 10 de la loi du 3 brum. courant, veut que les lois de 1792 et 93, contre les prêtres sujets à la déportation ou à la réclusion, soient exécutées dans les 24 h., et le Commissaire du Directoire du Tarn demande compte des mesures prises : — Il n'y a dans le canton aucun prêtre visé ; mais il y a dans Rabastens d'autres prêtres, connus sous le titre de *réfractaires ;* ils n'étoint pas fonctionnaires publics ; ainsi ils n'étoint pas atteints par la loi du 26 août 1792 ; ils ne sont pas non plus dans le cas de la loi de 93 ; mais ils ne sont pas moins dangereux que ceux sujets à la déportation ou à la réclusion. Il en est un, entre autres, *Antoine Pradier*, qui exerce les fonctions du culte dans la ci-devant église de Bracou ; l'on dit que dimanche dernier, en chaire, il exhorta les assistans à prier pour Mgr l'archevêque, pour les princes chrétiens, et à ne point fréquenter les hérétiques qui étoint damnés ; l'on dit aussi qu'aujourd'hui il devoit y aller faire un service et qu'il ne s'y est pas rendu, parce que le ci-devant curé constitutionnel de Bracou y étoit allé avant lui et y avoit fait un autre service ; cependant, les citoyens qui devoint assister à ce service l'y attendoint. Vous devez concevoir à

quoi tout cela peut mener : *Personne n'a eu le courage de venir dénoncer ce prêtre.*

Le Commissaire, instruit de l'état de quatre citoyens, déserteurs du premier bataillon du Tarn, lesquels se nomment *François Maffre, Raimond Blatgé, Guillaume Aspe* et *François Blatgé*, tous de la commune de Couſouleux, requiert la municipalité d'enjoindre à ces citoyens de rejoindre leurs corps respectifs, ou de requérir la gendarmerie de les arrêter, pour être conduits au quartier général de l'armée d'Italie, à Nice.

29 décembre 1795

8 nivôse an IV. — *A l'Administration du Tarn.* — La connaissance particulière que j'ai du caractère et de la conduite du citoyen *Capèle*, prêtre constitutionnel, me suffit pour vous mettre à même de satisfaire le Ministre. Les expressions de sa lettre n'ont rien de surprenant ; mais dans ses procédés, il entre moins de malice que d'imprudence et de défaut de jugement. Il en a été une fois victime, et cela d'une manière bien cruelle, puisque c'est à des propos analogues au style de sa lettre au Ministre, qu'il dut son incarcération aux carmélites de Toulouse, par ordre de Paganel : *Ses propos, peu mesurés, proviennent des idées exagérées qu'il a de la Liberté.*

En général, Capèle est peu instruit sur les grands principes de la politique humaine et, par conséquent, incapable de bien juger de tous les événemens de la Révolution. Patriote depuis 89, il a été zélé clubiste lorsqu'il a cru que le bien public le demandoit ; il est aujourd'hui républicain sincère, autant qu'un prêtre imbu des maximes de sa profession peut l'être ; il est très zélé pour son culte et, s'il inspire son zèle à ceux auprès de qui il exerce son ministère, il les dirige toujours vers le bien public. Scrupuleux observateur des lois, il prêche dans les temples comme il le fesoit au club, dans les temps même de l'anarchie, l'amour des lois, du bon ordre et de la paix ; il a servi la Révolution, ce qui lui a valu la haine de tous ceux qui en sont les ennemis ; et tout le monde est ici convaincu qu'il seroit une de leurs premières victimes dans un renversement d'ordre.

Il n'a aucun motif de regretter l'ordre qui existoit avant 89. Né dans un rang obscur, il n'avoit pas même un simple bénéfice ; mais il paroît tenir encore à ce qu'on appeloit *Constitution civile du clergé ;* non sous des rapports d'intérêt, mais par attachement aux maximes ecclésiastiques sur la hyerarchie ; il paroît à cet égard se nourrir de quelque espoir, et cet espoir est surtout alimenté par un journal auquel il est abonné, et qui est uniquement consacré à ces matières. Du reste, ce citoyen n'est point dangereux : *il ne doit causer aucune alarme aux agens du Gouvernement.*

28 janvier 1796.

8 pluviôse an IV. — L'Administration du département m'a chargé de lui faire passer l'état des cordonniers qui sont dans le cas de fournir 2 paires de souliers par décade, en exécution de la loi du 14 ventôse an II; mais il n'est pas question de la possibilité si, au moyen d'assignats, les cordonniers ne peuvent se procurer du cuir. Ainsi, je prévois que l'Administration municipale prononcera chaque décade autant d'amendes de 100 liv. qu'il y a de cordonniers. Veuillez donc réfléchir et me faire part de votre façon de voir. — Les cordonniers demandent que les souliers leur soient payés avec de l'argent ou du bled. — (Le 6 ventôse an IV, 20 cordonniers de Rabastens furent condamnés à 100 liv. d'amende.)

4 février 1796

15 pluviôse an IV. — *Au Ministre de la police générale.* (Réponses aux questions contenues dans sa circulaire du 19 nivôse dernier.) — Il y a environ deux décades, qu'un citoyen fut maltraité à coups de sabre, à la suite d'une querelle. Il ne s'est pas passé autre chose.

Les atteintes portées aux propriétés se bornent à quelques larcins, commis en escaladant les murs de clôture.

La gendarmerie fait son service avec exactitude; la garde nationale l'a toujours fait régulièrement jusques à la fin de frimaire dernier; mais elle a discontinué depuis, parce que l'Administration n'a pu, au moyen d'assignats, se procurer du bois à brûler et du luminaire pour les corps de garde.

L'on ne voit pas des mendiants et des vagabonds; mais il y a ici environ 40 pauvres hors d'état de travailler, à cause de leur vieillesse.

Les émigrés ne reparaissent point ici. De tous les prêtres sujets à la déportation, il n'en est qu'un, *Fulguière,* qui osa reparoître ici le 3 fructidor dernier. La gendarmerie fut mise à sa poursuite, mais il ne put être arrêté : l'on a sçu qu'il s'étoit réfugié à Toulouse.

La seule opinion qui règne ici est le *catholicisme.* L'on reçoit l'*Abréviateur,* le *Journal de France,* les *Annales de la religion,* l'*Eclair,* la *Gazette historique et politique de la France et de l'Europe,* la *Gazette de France*, les *Nouvelles politiques*, et le *Journal* et *Affiches de Toulouse*. Le journal le plus répandu est l'*Abréviateur* et ensuite le *Journal de France*.

L'esprit public est presque partagé ; cependant le bon a la prépondérance. Le mauvais, provient de ce que nous avons le malheur de compter ici plusieurs familles ci-devant nobles et 30 familles, au moins, parentes ou alliées d'un pareil nombre d'émigrés ou prêtres déportés, et de ce que 8 prêtres résidens, désignés *réfractaires*, se répandent dans la campagne, y fanatisent et y pervertissent les citoyens ; en sorte que l'on voit ces mêmes citoyens cesser de fréquenter leurs parens et ci-devant amis, parce qu'ils persévèrent dans les principes républicains ; mais ces prêtres prennent si bien leurs mesures, qu'on ne peut les atteindre pour les convaincre, et les faire punir des peines établies par la loi du 7 vendémiaire an IV. — (Le 13 germinal an IV, le Commissaire ajoute : Deux de ces prêtres ont fait hier leur déclaration. Aucune loi ne leur défend de choisir plusieurs édifices pour leurs cérémonies ; mais que l'un de ces deux prêtres en ait choisi 7 et l'autre 4, on ne peut en augurer que des choses sinistres : *Nous n'avons pas oublié les maux qui ont accablé la Vendée*.)

19 février 1796.

30 pluviôse an IV. — *Aux Administrateurs du département*. — Le nombre des militaires qui depuis la loi du 4 frimaire dernier ont pris des feuilles de route, s'élève à 75. Il en est qui se sont réfugiés à Toulouse, sans feuille de route, entre autres *Clément Cyrile Toulza,* lequel, dit-on, sert de secrétaire à un Commissaire des guerres ; il en est 26 autres qui sont ici en convalescence.

Réquisition à la gendarmerie d'arrêter, en exécution des lois des 10 thermidor an III et 4 frimaire an IV, les déserteurs suivants : *Antoine Miquel, Antoine Gineste, Raimond Robert* et *Pierre Delpech,* pour être conduits à l'armée la plus voisine.

1er mars 1796.

11 ventôse an IV. — *Jean Antoine Falguière* est décédé à Toulouse, il y a 4 mois ; une partie des biens qu'il a laissés sont situés dans la commune de Rabastens, particulièrement une maison, sur lesquels la République a des droits, à cause de l'émigration de *Marie Cécile Félicité Falguière,* mariée à *Jacques Philippe Fleyres,* une des

quatre enfants dudit Falguière. — Le Commissaire requiert la Municipalité de procéder ainsi qu'il est prescrit par le titre V, de la loi du 1er floréal an III.

24 mai 1796.

5 prairial an IV. — Réquisition à la Municipalité de, en exécution de la loi du 18 floréal dernier, prendre les dispositions, afin que la fête de la *Reconnaissance et des Victoires* soit célébrée le 10 du présent mois.

30 juin 1796.

12 messidor an IV. — La Municipalité n'a pas encore célébré la fête de l'*Agriculture*, quoiqu'elle eût dû l'être le 10 de ce mois, suivant la loi du 3 brumaire. — Réquisition de remplir sans délai cet objet.

16 juillet 1796.

28 messidor an IV. — *Au Ministre des Finances.* — La loi du 28 ventôse an IV, excepte des domaines nationaux qui doivent être vendus, les édifices destinés au service public. L'on a considéré que sous le mot *édifices* se trouvoint comprises les églises et chapelles autres que celles destinées au service public, et l'on a présumé que celles dont le libre usage a été accordé pour l'exercice du culte, conformément à la loi du 11 prairial an III, en sont aussi exceptées.

De là il paroit que toutes les autres églises ou chapelles sont mises en vente. Dans ce sens, l'on a soumissionné pour certaines églises et chapelles qui ne sont pas comprises dans l'exception, et, pour en faire l'estimation, on les a assimilées aux maisons ; en sorte que les experts ont suivi la même base, en leur donnant un revenu net à l'époque de 1790, et en multipliant par 18. Il en est résulté que leur valeur ne s'est pas portée au quart de leur valeur effective. L'église du ci-devant chapitre avec la sacristie, couvrant une surface d'environ 100 toises carrées, dont la nef est voûtée et, par conséquent, ses murs étant relatifs, n'a été estimée que 2.700 liv.. La chapelle des Pénitens Bleus avec la sacristie et une chambre au devant la sacristie, couvrant une superficie d'environ 100 t. c., dont les murs ont 5 toises 3 pieds de haut, sans la moindre dégradation, plafonnée en plâtre, y ayant une tribune sur le fond ; le cloître avec le clocher contigus à la chapelle, couvrant une surface d'environ 34 t. c., y ayant une galerie au dessus du cloître ; plus un jardin contigu au dit cloître contenant 110 t. c. : Eh bien, cette chapelle avec ses dépendances n'ont été estimées que 3,960 liv.

8 septembre 1796.

22 fructidor an IV. — La Municipalité a consenti la vente du presbytère de Mareux, qui étoit occupé par les écoles et servoit aussi de logement au citoyen *Lay*, l'un des deux instituteurs : — Protestation de l'Administration du département.

3 décembre 1796

13 frimaire an V. — Liste des émigrés : *Pierre-Louis Chastenet Puységur*, ex Secrétaire d'Etat à la Guerre, n'a pas paru ici depuis 1 an avant le 14 juillet 1789 ; *Gaspard Louis Chastenet Puységur*, fils aîné de Barth. Herc. Athan., n'a pas paru depuis la même époque ; *Charles Maxime Chastenet Puységur*, fils cadet, a quitté Rabastens, en 1791, pour aller à Paris, auprès de son oncle ou auprès de Jean Aug. Chastenet Puységur, aussi son oncle, ex archevêque de Bourges ; *Marie Jean Herculin Chastenet Puységur*, ex colonel en second du régiment de Noailles-Dragons, n'a pas paru ici depuis 1 an avant le 14 juillet 1789 ; *Jacques Philippe Fleyres, Marie Félicité Falguière*, son épouse, et 4 de leurs enfants, émigrèrent en Espagne en 1792 ; *Pierre Joseph Simon Falguière*, ex garde du corps, émigra en 1790 ; *Urbain Falguière, Ismaël Falguière* et *Terrène*, émigrèrent en 1792 ; *Géraud Rivière*, officier de milice, émigra en Espagne, en 1792 ; *Cathala* et *Soulassol*, prêtres, émigrèrent en 1791 ; *Pierre Mazens*, ex chanoine, quitta Rabastens en 1791 ; il se rendit d'abord à Bordeaux et ensuite à Barcelone ; *Jean Bernard Tristan La File Pelleporc*, ex capitaine du régiment de Vivarais, émigra en 1794 ; *Félix Clément Costecaude Saint-Victor*, ex commandant d'un bataillon de milice, émigra en 1791 ; il se trouvait à Hambourg le 29 juillet 1795 ; *Gabriel Ambroise Valentin Rouquès*, officier, *Raimond Toulouse Lautrec Monfa* et *Baudouin*, son frère, émigrés d'ici en 1792.

2 mars 1797.

12 ventôse an V. — *Réquisition au commissaire de police.* — Hier, plusieurs citoyens se permirent des attentats contre des personnes, savoir : contre *Clément Toulza*, lequel fut assailli et traîné sur la promenade ; contre *Alba*, de Castres, qui fut assailli et traîné sur la promenade ; contre *Gouzy*, de Giroussens, lequel fut poursuivi de-

— 13 —

puis la promenade jusque chez son cousin ; d'autre part, l'on attenta
aux propriétés, car l'on brisa beaucoup de gâteaux, étalés pour ven-
dre, et l'on cassa, près la fontaine du Pont del Pa, une cruche appar-
tenant à la femme Labergerie.

Attendu que tous ces délits, s'ils restoint impunis, introduiroint
l'anarchie que tout bon citoyen doit avoir en horreur ; etc.

31 mai 1797.

12 prairial an V. — *Aux Administrateurs du Tarn.* — La sûreté
publique n'a reçu ici aucune atteinte ; tout y est dans une parfaite
tranquilité, si l'on en excepte que dans la nuit du 24 au 25 floréal
cinq jeunes gens qui fesoint une jonchée devant la maison d'une
fille, insultèrent la mère et jetèrent des pierres à la porte : Le père
porta plainte au juge de paix.

16 août 1797.

29 thermidor an V. — *Aux Administrateurs du Tarn.* — Quoi-
que nous ayons ici des ennemis de la Constitution et de la République, fuyant les fêtes civiques, désirant la rentrée des émigrés, et ne
voulant voir dans le patriotisme que l'affreux terrorisme, je ne présume pas que ces hommes osent tenter d'intimider les acquéreurs
des domaines nationaux ; d'ailleurs, ces derniers ne sont pas gens à
se laisser persuader. Cependant, je ne cesserai ma surveillance, et
les autorités, qui marchent ici avec les bons citoyens, me seconde-
deront efficacement. Au surplus, la majorité de cette cité a toute sa
confiance au Gouvernement : *Elle reconnoît la pureté de ses inten-
tions, et compte sur ses efforts comme sur sa persévérance, pour faire
triompher la Constitution.*

22 août 1797.

5 fructidor an V. — *Aux Administrateurs du Tarn.* — Un pro-
cès-verbal a été dressé, le 3 de ce mois, par la gendarmerie, contre
Falguière, fils aîné de Gabriel Falguière-Clausade ; ce jeune homme
est déserteur, et son père le recèle depuis six mois. Je l'avois dénoncé,
le 26 germinal dernier, à la gendarmerie qui n'avoit fait que des
perquisitions vaines ; la dernière n'a pas eu son entier effet, puis-
qu'il a eu l'adresse de s'esquiver, en rentrant dans la maison de son
père. Fort de cet azile, il a dirigé des fusils et des pistolets sur la
gendarmerie, et il n'a pas tenu à lui que le mouvement qu'il a donné

n'ait été très pernicieux. La tranquillité publique en a été très troublée, et il est accouru plus de 100 patriotes qui fesoint un murmure général. Heureusement tout est rentré dans l'ordre par les invitations au calme de la gendarmerie et du commissaire de police. Ce n'est pas la première fois que ledit Falguière s'est mis dans le cas de la répréhension : il existe un jugement par défaut, rendu par le tribunal correctionnel de Rabastens, en l'an III, qui le condamne à 2 années d'emprisonnement pour outrages à la garde nationale.

2 septembre 1797.

16 fructidor an V. — *Au Commissaire du département.* — C'est contre toute vérité que l'on a annoncé que des hommes armés de sabres parcourent les rues en fesant des menaces. Je sçais que les ennemis de la liberté font tous leurs efforts pour porter les républicains à des excès ; mais ceux-ci sont si pénétrés de la Constitution, et ont tant de confiance au Gouvernement, qu'ils évitent avec soin de se compromettre.

10 septembre 1797.

24 fructidor an V. — *Au Commissaire du département.* — Le 10 de ce mois, la jeunesse de Lisle s'étant livrée à des amusemens innocens, l'Administration fit une proclamation, afin que chacun eût à se retirer le soir à 10 h. Tout étoit paisible et gai ; l'on dansait dehors, à la clarté de la chandelle, sur la route et dans le faubourg qui conduit à Gaillac, lorsque avant que 10 h. eussent sonné, une patrouille composée de 15 hommes armés, à la tête de laquelle était le citoyen *Pélegry,* officier municipal, se présenta, ordonna aux ménétriers de cesser de jouer, et aux danseurs de se retirer. Inutilement fut-il représenté qu'il n'étoit pas encore 10 h., et qu'il régnoit la plus grande tranquilité : il fallut obéir et l'on se retira.

Le lendemain, jour de foire, des patriotes des lieux voisins, se trouvant à Lisle, furent instruits de ce qui s'étoit passé la veille, et se plaignirent en disant qu'il étoit bien désagréable de gémir sous la tyrannie d'un homme qui est présumé émigré. Ils disoint cela sous les fenêtres de la maison de *Boisset-Glassac ;* et dans l'instant, ledit Boisset avec deux de ses compagnons, tenant des armes à feu, menacèrent les plaignans et les couchèrent en joue. L'Administration, mise au courant, se présenta et parvint à dissoudre l'atroupement, et demanda d'être entourée des patriotes qui, dans le moment, se réu-

nirent à elle ; et le citoyen Pélegry ayant été trouvé armé d'un pisto-
let, ses collègues le désarmèrent et verbalisèrent contre lui. Sur ces
entrefaites, il sortit de la maison de Boisset deux jeunes gens armés
l'un de deux pistolets apparens et l'autre d'un bâton. (Ce dernier est un
jeune anglais qui demeure à Rabastens, étant depuis environ quatre
ans en France, où il fut envoyé pour son éducation.) Ces jeunes gens
montrèrent par leur air menaçant qu'ils prenoint à cœur l'affaire du
prétendu émigré. Alors quelqu'un saisit le bâton au jeune anglais et
lui en donna quelques coups : là finit le train et l'amusement fut
continué.

De toutes les fêtes civiques dont la célébration est ordonnée, l'Administration de Lisle n'a fait célébrer que celle de *l'Agriculture*, et,
n'ayant pas annoncé la fête du 10 fructidor, la jeunesse avoit voulu
s'amuser ce jour-là (1).

L'on m'a dit que Boisset a avec lui un prétendu domestique, âgé
d'environ 25 ans, que l'on présume être un émigré ; le lendemain de
la foire, l'on vit ce domestique causer avec un marchand de Toulouse, et l'on entendit ce dernier lui dire : « Je vous connois ; vous
êtes de Saint-Hippolite ; je sçais votre nom et connois votre château. »

15 octobre 1797.

24 vendém. an VI. — *Aux Administrateurs du Tarn.* — *Pierre
Mazens,* ex chanoine, est le seul qui ait obtenu sa radiation provi-
soire de la liste des émigrés.

Il sera bien difficile de faire rejoindre volontairement les militaires ; nous n'avons pas ici de gendarmerie ; aussi je vous demande si
je dois requérir la colonne mobile.

19 octobre 1797.

28 vendém. an VI. — Lettres du Directoire du département, rela-
tives aux Administrateurs rebelles de Castres et de Montauban, et
aux brigands réunis à eux. En conséquence, le Commissaire requiert
la Municipalité de continuer la garde, tant le jour que la nuit, avec
ordre d'arrêter tous les individus venant de Castres ou de Montauban. Le Commissaire de police vérifiera chaque jour dans les auber-
ges les voyageurs qui pourroint s'y arrêter.

(1) Conf. Rossignol, *Hist. de l'arrond. de Gaillac pendant la Révolution,* p. 131.

4 novembre 1797.

14 brum. an VI. — *Aux Administrateurs du Tarn.* — La paix entre la République Française et l'Empereur a donné aux citoyens un élan de joye qu'ils ont manifesté par des divertissemens publics, pendant 3 jours et 3 nuits consécutifs. Néanmoins plusieurs malveillans en ont abusé. L'on a chanté une chanson dans laquelle on nomme plusieurs citoyens; on les injurie et menace d'incendie; les première et troisième nuits, pendant le cours de la farandole, on a frappé à grands coups de pierres à la porte de plusieurs citoyens. C'est pourquoi le Commissaire requiert l'Administration de défendre expressément ladite chanson et les farandoles, et prendre les mesures, afin que les personnes et les propriétés soint respectées.

17 décembre 1797.

27 frimaire an VI. — Le Commissaire de police a verbalisé contre *Clément Toulza, Séverin Falguière, Mazens,* cadet, *Fauré* fils, et *Ursin Rouquès,* pour avoir, lesdits Toulza et Falguière, chanté l'air homicide du *Réveil du Peuple,* dans la maison dudit Rouquès, le 14 de ce mois.

7 mars 1798.

17 ventôse an VI. — *Pierre Trillou, Jean Louis François Rolland, Jean Beyals, Pierre Marin, J.-B. Toulza, Guillaume Ebrard, Antoine Pradier, Jean François Bélaval, Jean Gabriel Falguière, Joseph Jaybert, Joseph Delherm* et *Paul Dupuy,* prêtres, pensionnaires de l'Etat, n'ont pas fait le serment prescrit par la loi du 14 août 1792. Le Commissaire requiert l'Administration d'exécuter les lois des 21 et 23 avril 1793, et 29 et 30 du premier mois de l'an II.

26 mars 1798.

6 germinal an VI. — *Aux Administrateurs du département.* — La fête de la *Souveraineté du Peuple* a été célébrée, le 30 ventôse, avec toute la majesté qui lui convenoit. La majeure partie des patriotes y a assisté et y a démontré cette énergie et cet enthousiasme qui caractérisent les vrais républicains. Un banquet civique a terminé cette belle journée. Cette fête a si bien préparé les esprits pour les opérations des *Assemblées primaires,* qui ont eu lieu les 1er et 2 de ce mois, que le résultat a comblé les vœux de tous les amis de la Liberté et de l'Egalité.

4 avril 1798.

15 germinal an VI. — *Au Commissaire du département.* — Le 12 de ce mois, vers 6 h. du soir, sur la promenade, les citoyens *Séverin Falguière, Ambroise Pigeron, Fauré*, mon fils, et le citoyen *Martin* furent, par environ 100 individus, injuriés, frappés, renversés et traînés à terre ; mon fils subit particulièrement la rage de ces forcenés ; d'autres personnes, dans la mêlée, reçurent des coups, notamment le citoyen *Guérin*, parce qu'il s'efforçoit de crier : *la paix ! la paix !* Enfin, le trouble fut si général que des femmes s'évanouirent. Le citoyen *Robert*, commissaire de police, spectateur de cette scène atroce, n'a point dressé de verbal. Cette scène en plein jour, sur un lieu public et à la face d'environ 600 personnes, sembloit ne pas devoir être ignorée de l'Administration ; cependant rien n'a bougé et le juge de paix n'en a pas encore connaissance officielle. Les maltraités n'ont pas osé porter plainte et, n'eût été mon ministère, j'aurois gardé un profond silence.

Je vous préviens de tout ceci, parce que l'ordre social a été blessé ; mais je suis résolu de ne rien bouger, afin d'éviter qu'il en arrive pire. (Le 17 germinal, la Municipalité adressa, relativement à cette affaire, une proclamation aux habitants.)

24 avril 1798.

5 floréal an VI. — *Au Commissaire du département.* — La veuve *Boussac* s'est plainte que la nuit dernière on lui a enfoncé la porte de sa maison ; *Marie Boucard* s'est plainte que la même nuit un grand nombre de citoyens lui ont enfoncé la porte et l'ont maltraitée ainsi que sa mère, à coups de bâton et à coups de pied, et les ont menacées de coups de sabre ; enfin, *Antoinette Vivens* s'est plainte qu'on a jeté des pierres à sa porte. Le Commissaire requiert l'Administration de prendre les mesures, afin que les personnes et les propriétés soint respectées.

17 juin 1798.

29 prairial an VI. — *Au Commissaire du département.* — L'esprit public est bon ici ; il ne paroit pas qu'il y existe des contrerévolutionnaires ; je ne connois pas de correspondance des émigrés ; les prêtres qui ne prêtèrent pas le serment prescrit par la loi du 14 août 1792, sont en arrestation chez eux, c'est-à-dire les sexagénaires et

les infirmes ; les autres ont subi la déportation. Ainsi tout est tranquille ici.

24 juin 1798.

6 messidor an VI. — Réception de deux arrêtés du Directoire exécutif du 14 germinal dernier, qui ordonnent la déportation d'*Antoine Pradier* et de *Jean Louis François Rolland* : Il y a plus de deux mois que *Pradier* a été arrêté. A l'égard du second, le 12 pluviôse dernier, il prit un passeport pour Toulouse et Carcassonne, et quitta Rabastens quelques jours après. Il doit se trouver à Carcassonne, parce qu'il y a demeuré pendant plus de 15 ans, avant la Révolution, étant théologal du chapitre de cette ville. Si vous voulez le faire arrêter, voici son signalement : *âgé de 51 ans ; taille de 5 pieds 2 pouces ; cheveux et sourcils châtains ; les yeux tournés ; nez ordinaire ; bouche moyenne ; menton rond.*

15 janvier 1799.

26 nivôse an VII. — *Aux Administrateurs du département.* — Hier, j'ai requis l'Administration de faire enlever, sans délai, une croix qui existoit encore à Condel, local *del Piboul*. J'ai appris qu'il existe encore deux croix de bois et une autre de pierre, en des lieux izolés ; il y en a aussi dans quelques cimetières, qui y ont été plantées depuis peu, car elles avoint été toutes enlevées. En conséquence, la colonne mobile a été requise et, divisée en détachemens de 10 h. chacun, est partie ce matin pour aller parcourir tous les chemins et cimetières de la commune, pour détruire tous les signes de culte qu'elle trouvera. Je vais requérir une proclamation, à ce que personne n'ait à planter des croix dans les cimetières, sous la responsabilité personnelle des parents successifs des défunts.

Je n'ai aucune preuve ni indice que les prêtres *réfractaires* que nous avons ici exercent aucune influence ; mais les dénonciateurs au Ministre, s'ils ne sont eux-mêmes des perturbateurs, sont au moins des lâches. Qu'il y ait des prêtres qui exercent une influence dangereuse, cela se peut ; c'est ce que j'attends que l'on me dénonce ; jusques-là, je ne puis dire que tel ou tel est prévenu de troubler l'ordre public ; ou, si les œuvres de ces prêtres sont si secrètes, je ne connois d'autre remède, sinon que le Gouvernement les mette en réclusion tous en un même lieu.

— 19 —

17 janvier 1799.

28 nivôse an VII. — Le temple dans lequel on a célébré jusqu'à présent les fêtes *décadaires* et les fêtes *nationales,* n'est pas suffisant pour contenir les citoyens qui veulent assister aux dites fêtes, y manifester leur allégresse et s'y instruire des principes républicains et moraux. — Le Commissaire invite la Municipalité à faire choix pour l'avenir d'un autre édifice national, afin que tous les citoyens ayent la satisfaction d'y assister.

8 février 1799.

20 pluviôse an VII. — *Au Commissaire du département.* — Le temple dans lequel on célébroit les fêtes (petit édifice ci-devant appelé *Saint-Roch*) étant trop petit, je fis une invitation à l'Administration. Néanmoins elle continua de célébrer la fête décadaire du 30 nivôse dans le même lieu, et beaucoup de monde fut obligé de rester dehors. La fête du second pluviôse fut célébrée dans l'édifice appelé *le Bourg,* qui est le seul assez vaste. La fête décadaire du 10 pluviôse devoit être célébrée dans le susdit petit édifice ; mais au moment où l'Administration avec la garde nationale s'y présentèrent, le local étoit trop plein, outre qu'environ 400 personnes étoint encore à la porte, murmurant beaucoup. Alors l'Administration se vit obligée d'aller célébrer la fête *au Bourg,* et tout le monde eut la satisfaction d'y assister.

Aujourd'hui, la fête a été encore célébrée à *Saint-Roch :* plus de 200 personnes ont été forcées de demeurer dehors, murmurant beaucoup. Je ne puis plus taire, citoyen Collègue, que l'Administration s'obstine à ne pas vouloir changer d'édifice ; etc.

7 août 1799.

20 thermidor an VII. — *Aux Administrateurs du Tarn.* — Des brigands infestent le canton de Lanta ; Lavaur demanda hier, par exprès, du secours. L'Administration délibéra d'accorder les secours demandés. Comme elle n'avoit que 5 fusils, elle parcourut tous les quartiers en invitant les citoyens qui avoint des armes de les remettre à la commune ; en outre, elle envoya aux mêmes fins des émissaires dans la campagne ; on n'a pu obtenir des habitants que 70 fusils de chasse ; le détachement de la colonne mobile est parti à 8 h. et demie, ce matin, pour Lavaur ; ce détachement n'est que de

115 h., dont une douzaine de cavaliers, et une quarantaine sont sans armes.

Les exprès venus de Lavaur dirent que les brigands étoint au nombre de 4,000 ; mais qu'hier il étoit parti de Toulouse 2,000 h. avec des pièces d'artillerie. — Le 24, le détachement étoit de retour ainsi que la brigade de gendarmerie, après avoir, le 23, coopéré à la prise de Caraman ; 3 d'entre eux, notamment le citoyen *Auriol*, s'emparèrent d'une pièce de canon que les insargés avoint prise au détachement de Toulouse. Le 29, un détachement de 80 gardes nationaux partit pour Toulouse, contre les brigands royaux, lequel avoit été demandé par *Séverac*, commissaire, suivant sa lettre, datée de Caraman, le 27 du courant.

24 septembre 1799.

2 vendémiaire an VIII. — Je vous fais passer, Citoyens Administrateurs, l'état des souscripteurs au *Manuel républicain*. Le nombre en est si petit, que j'en suis réellement affecté. Cependant, votre avis fut publié et affiché ; moi-même en ai fait lecture au temple, pendant 3 décadis, et le président en fit une quatrième lecture le 3e décadi de fructidor.

17 janvier 1800.

27 nivôse an VIII. — *Aux Administrateurs du Turn.* — Le 25, le citoyen *Capèle*, ministre du culte catholique, a paru en public, costumé d'une soutane, d'un collet et d'une calotte : il a donc contrevenu à l'art. 19 de la loi du 7 vendémiaire an IV.

18 janvier 1800.

28 nivôse an VIII. — *Au Commissaire du département.* — J'ai reçu, citoyen Collègue, votre circulaire du 19 nivôse, à la suite de laquelle est une lettre du Ministre de l'Intérieur du 11 nivôse. J'ai communiqué l'une et l'autre à l'Administration municipale, de laquelle vous avez déjà rendu un bon compte au Ministre : *Oui ! elle a vu avec satisfaction les évènements du 18 brumaire, et je pense qu'elle ne ralentira pas son zèle pour continuer de mériter la bienveillance du nouveau Gouvernement.*

ALBI — IMPRIMERIE NOUGUIÈS

31

BIBLIOTHEQUE NATIONALE DE FRANCE

3 7531 03964288 0

www.ingramcontent.com/pod-product-compliance
Lightning Source LLC
Chambersburg PA
CBHW061643050726
47598CB00004B/1440